AF349502

MEMOIRE

SUR

L'ANTHROPOLOGIE

DES

BEAUX-ARTS

PAR

CHARLES ROCHET

BEAUGENCY

IMPRIMERIE J. LAFFRAY

1895

MÉMOIRE

ADRESSÉ A LA SOCIÉTÉ D'ANTHROPOLOGIE
POUR DÉMONTRER L'EXISTENCE

D'UNE ANTHROPOLOGIE DES BEAUX-ARTS

et réclamer mes droits de priorité
et de découverte

D'UN PROTOTYPE DE LA CRÉATION HUMAINE

Lu par M. le Secrétaire général dans la séance du 21 février 1895.

Le laid est facile à connaître, à comprendre, à étudier; c'est le beau qui est difficile à comprendre sous toutes les formes qu'il se présente.

L'étude de l'Homme parfait appartient à l'artiste; elle échappe au médecin.

Cher Président et chers Collègues,

Depuis dix ans que j'ai fermé mes ateliers de sculpture et que je vis dans la retraite, j'ai repris, avec plus d'ardeur que jamais, les études d'Anthropologie pour les Beaux-Arts, trop souvent interrompues, et qui ont toujours été les joies, et les grandes préoccupations de ma vie. Je désire faire connaître à la Société, les résultats que je suis parvenu à en obtenir.

Je sais qu'il existe une grande différence dans la science de l'Homme, entre la direction prise pour les arts, et celle adoptée par les anatomistes et plus spécialement créée pour les sciences médicales; que même il existe une certaine prévention contre la science tentée par les artistes. Mais un rapprochement ne peut-il pas se faire entre ces deux directions d'examen; la barrière qui les sépare sera-t-elle toujours infranchissable ? Je ne le crois pas.

L'Homme naturel que la science doit étudier, je le compare à une statue de place publique qui doit être vue de tous les côtés; son étude présente de nombreux aspects; et ce qu'on peut dire pour les arts est tout simplement *un de ces aspects*, celui de l'homme pris extérieurement et physiquement, vivant et animé, celui de la perfection humaine en général, de la beauté des formes chez la femme comme chez l'enfant, etc.

Et comme je suis presque le seul à défendre devant la science ce noble côté de l'étude, permettez-moi de vous exposer quelque peu ce que j'ai fait depuis que je ne suis plus au milieu de vous et de le défendre de mon mieux, surtout pour ceux de mes collègues qui peuvent ne pas me connaître.

Il y a de plus, dans ce que je vais exposer à la Société, une grande utilité pour moi à le faire, pour mon honneur, pour ma réputation ; vous allez en juger.

Le Prototype humain[1]. — C'est il y a 40 ou 50 ans que je commençai cette étude ; c'est en examinant le canon de Polyclète et autres, qui a servi aux artistes grecs pour la confection de leurs Dieux, et dont usent encore nombre de professeurs dans leur enseignement du dessin ; c'est, dis-je, en faisant un examen critique de ce canon, et voulant le corriger ; lui trouvant la tête trop petite, les jambes trop longues et d'autres défauts encore, que j'ai fait la découverte de ce que j'appelle : *Le Prototype humain ou la Loi naturelle des proportions dans les deux sexes.*

Au courant de mes recherches j'en donnai d'abord connaissance à cette Société par un Mémoire lu dans les séances du 18 février et du 4 mars 1875, et intitulé : *Quelques considérations sur la Géométrie des Formes du Corps humain et sur l'emploi qu'en ont fait les artistes grecs.*

Je devrais rappeler les principaux passages de ce mémoire pour montrer que ce que j'ai découvert date de loin, mais je le joins ici et marque sur la brochure les points saillants pour ceux qui seront tentés de les consulter.

A cette époque, et peu de temps après, le 27 novembre, même année, je lisais à l'Académie des Beaux-Arts de l'Institut un travail analogue portant également le titre de : *Mémoire sur la Loi des Proportions du Corps humain et l'emploi qu'en ont fait les artistes grecs.* — Je joins ce mémoire également au dossier.

Actuellement toute cette œuvre est terminée et publiée, en

---

[1] Le Prototype humain, donnant les Lois naturelles des proportions du corps, dans les deux sexes ; un volume chez Plon, Nourrit et Cⁱᵒ, 10, rue Garancière, à Paris. Prix : 1 fr. 50.

tableau synoptique et en volume. Le volume est déjà traduit en trois langues [1].

Brève analyse de ce Prototype. — Permettez-moi de vous en donner une courte explication : *La tête est prise pour unité. — Trois parties forment le tronc avec trois divisions symétriques, ou repères naturels aux mamelons des seins, à l'ombilic, aux organes sexuels. — Les cuisses, genoux compris, portent deux hauteurs de tête. — Les jambes pareillement, mais avec les pieds compris. — Et l'homme entier renversé sur le dos les bras en l'air, présente dix têtes de hauteur totale.*

Et le centre qui, sans les bras est aux organes des sexes ; avec les bras, se fixe à l'ombilic : — *Huit têtes* dans un cas ; *dix têtes*, dans l'autre.

Voilà, selon moi, ce que serait *le Type de l'Être humain parfait* : Prototype ou Archétype, dont sortiraient tous les hommes présents, passés, ou à venir.

Mais n'anticipons pas, nous allons revenir là-dessus, continuons notre démonstration, et passons à la tête.

Le Prototype de la tête ou la Prosométrie. — Ces premiers résultats obtenus sur l'Homme entier, je me trouvai naturellement entraîné à faire les mêmes recherches prototypiques sur la tête, qui est *l'unité des mesures du corps.* Je pensai qu'elle devait avoir, elle aussi, ses lois de constitution physique sinon pour la tête entière, au moins pour la figure [2], le visage, et j'arrivai à des résultats semblables.

Mais ce travail de recherches a été beaucoup plus long et plus laborieux pour moi et je suis loin de le donner comme complet. La tête humaine est une œuvre de la création infiniment plus complexe ou plus compliquée que n'est le corps. Et de plus je n'ai pu être guidé par personne. Nul savant, à

[1] En anglais : *The Prototype of Man,* à Londres chez Ballière Tindall, and Cox.

En italien : *Il Prototipo Umano,* à Rome chez Modes et Mendel.

En allemand : *Das Urbild des Menschen,* à Vienne, chez Spielhagen et Schurich.

[2] *La Figure humaine scientifiquement* étudiée ou *les 24 Lois de Beauté de la Tête.* — Un volume chez Plon, Nourrit et Cie, prix, 2 fr. 50.

ma grande surprise, n'en a jamais tenté l'épreuve. J'ai eu tout à faire. De plus, le corps est *simple* de forme; ses côtés ne donnent rien, tandis que la figure est *double*; il faut en décrire aussi bien *le profil* que *la face*; et on a encore, en plus de cela, *le crâne* qui forme à son tour un sujet d'étude également à part.

Mes découvertes sur la tête. — La première, ou la plus importante des découvertes que j'ai pu faire, a été celle que j'ai classé la septième dans mon livre (voir page 43), et qui sépare la tête en deux moitiés de hauteur semblables. — L'une *toute crânienne*, l'autre *toute faciale*.

Cette séparation est faite par une ligne légèrement courbe qui va du centre d'une oreille au centre de l'autre oreille, en passant par le milieu des yeux. Je signale tout particulièrement cette ligne parce qu'elle est bien anatomique et correspond avec l'état intérieur de la tête (voir sur le squelette la place qu'occupe la base du cerveau).

La partie crânienne donne *cinq divisions* assez vagues, comme tout ce qui tient au crâne, mais la partie faciale présente *ses cinq divisions* avec la plus parfaite régularité sur toute tête trouvée belle. Et en y joignant la ligne des sourcils sur le visage on a *les six mesures* d'une face complète, que je décris sous le nom de *Prosopométrie*. — Voilà pour les divisions de la face, dite *petite face*. (Voir au chapitre Vme, page 101.)

Quant à celles du profil, elles sont tout aussi intéressantes et aussi méthodiques dans leurs divisions. Je les décris en six lois (voir dans l'ouvrage les pages de 51 à 77). Ces lignes du profil partent toutes de l'oreille ou plutôt du *grand nerf facial* qui est, comme on le sait, contigu au trou auditif (voir page 55 ce qu'en dit Herschfield). Encore un rapport bien établi entre l'étude extérieure de la tête, et son anatomie. Mais je ne fais aucune description de toutes ces lignes, tout intéressantes qu'elles soient, ne voulant pas abuser de la bienveillante attention de la Société; renvoyant à l'ouvrage pour ceux qui voudront prendre la peine de le consulter.

Je me résume en signalant le point capital de cette étude, c'est que, *l'ensemble* des mesures de tête présente le même nombre de divisions symétriques que *l'ensemble* du corps, pris dans son entier. Rapport infiniment curieux, et qui m'a frappé, autant qu'il m'a réjoui quand je l'ai aperçu : *Dix pour la tête ; dix pour le corps* (voir les figures, pages 90 et 98). Quelle remarquable chose !

De l'admission du Prototype dans la science. — Maintenant, si ce double Prototype : *Prototype du corps, Prototype de la tête*, — était admis dans la science (et pourquoi ne le serait-il pas?), les conséquences en seraient considérables. Et laissez-moi, puisque, pour raison de santé, je ne puis aller à Paris, et soutenir une discussion, si elle a lieu, laissez-mois vous exposer les avantages qu'on en pourrait tirer.

D'abord il donnerait une base fixe pour mesurer l'Homme en toutes choses : ce serait comme un arbre, une tige à laquelle viendraient s'accrocher toutes les idées de l'Homme, et des hommes ; un point de départ pour les mensurations humaines, comme la méridienne est le point de départ de toutes les mensurations terrestres.

Avec ce *type fondamental* une fois admis les individus, les peuples et les races seraient faciles à étudier, et à définir, car ils ne seraient plus que des variantes où l'on n'aurait qu'à chercher la différence *en plus* ou *en moins*, dans chaque partie à étudier. Quel mode facile pour les comparaisons à établir ! On demande toujours *un critérium* dans la science : en voilà un ; de Quatrefages réclamait souvent *une norme ;* en voilà une [1].

Je livre tout ceci aux très sérieuses méditations des membres de cette Société ; car ce que je prenais pour un simple canon pour les arts, un guide pour l'enseignement du dessin, devient une chose grosse de conséquences. Et permettez-moi de m'y arrêter, car je prévois que vous refuserez d'admettre le *principe d'unité* qui se trouve dans mon Prototype.

Un peu de raisonnement, s. v. p. — Oui, ceci a une grande signification devant la science, et cet ordre dans les

---

[1] Un autre avantatage qui en résulterait, c'est que notre langue française n'a pas de nom pour désigner la femme et l'homme réunis ; le mot *Prototype* (et je l'emploie souvent dans ce sens) comblerait cette lacune.

mesures, cet équilibre établi par la nature entre toutes les parties de notre corps, comme de notre tête, ne peut sérieusement être pris pour une fantaisie d'artiste, pas plus que comme un effet du hasard ; ce ne peut être pris, selon moi, que comme le fait d'un raisonnement, d'un calcul, d'une volonté créatrice qui a voulu qu'il en fût ainsi.

Et nous le prouvons par nous-mêmes, si nous voulions y regarder de près, par ce qui se passe en nous : Est-ce que chacun de nous n'a pas dans sa tête l'idée d'une moyenne de grandeur, pour juger de la taille des hommes comme des femmes? Eh bien! C'est ce que règle mon Prototype. Est-ce qu'il n'en est pas de même pour la figure, pour juger, au premier coup, des traits d'une personne, belle ou laide? C'est ce que règle encore mon Prototype.

Et plus encore. Est-ce que, dans la science, selon la portée de notre esprit et la valeur de nos connaissances, nous ne portons pas dans notre cerveau l'image, plus ou moins parfaite, du type de notre espèce pour juger de toutes les races, apprécier tous les peuples? au point que, toujours autour de nous, à chaque conception qui se fait d'un nouvel être humain, nous savons d'avance ce qui va en sortir. Et si, à la naissance, il se présente quelqu'irrégularité, quelque monstruosité, nous en sommes aussitôt troublés, désorientés, cherchant ce qu'en peuvent être les causes. Eh bien ! cette image que nous avons de nous en nous-mêmes, je le dis encore une fois, c'est ce que représente mon Prototype dans sa perfection, dans sa représentation la plus générale, la plus complète.

Et, partant de là, si nous quittons l'Homme des *choses visibles ;* si nous abordons l'Homme des choses *qui ne se voient pas,* des choses dites *morales et intellectuelles,* est-ce qu'il n'en est pas de même? Est-ce que nous tous, dans cet ordre d'idées et selon l'état de notre esprit et l'étendue de nos connaissances, nous n'avons pas aussi une idée de perfection humaine, de supériorité humaine? Partout, dans l'humanité, on le trouve *cet idéal de l'Homme parfait* avec lequel nous vivons. Partout il existe en nous et nous sert de guide ; sans quoi nous ne serions que des brutes. Ce sera, si vous le voulez, *l'Homme beau* pour l'artiste — *l'Homme sain* pour le physiologiste ou le médecin — *le sage* pour le philosophe — *le juste* pour le magistrat — *l'honnête Homme* pour le commerçant — *le brave* pour le soldat ; et ainsi de suite ; ce que d'autres qui viendront après moi sauront bien compléter.

Toute ma pensée ; toute ma crainte. — Mais, ce que je redoute, vous n'accepterez pas, pour la science, ce principe de mon unité prototypique.

Pardonnez-moi de préjuger ainsi de vos décisions, mais *je le pense ;* et, à quatre-vingts ans, si je ne dis pas ce que je pense, quand le ferai-je? — Vous le repousserez ; vous n'en voudrez même pas, peut-être, comme simple procédé d'étude, c'est ce qui m'a fait tant différer de vous en parler. Vous le repousserez : Parce que cela tend à éloigner l'Homme des animaux, quand tant de savants illustres que vous honorez, ont tout fait pour le rapprocher d'eux.

Vous le repousserez ! — Parce que cela conduit à admettre l'idée d'une création peut-être unique pour l'Homme, et vous êtes rebelles à cette idée.

Parce que, qui dit création, dit créature ; et qui dit créature dit créateur, et vous voyez tout de suite où cela conduit : moi-même j'en suis effrayé !

Mais pensez-y, Messieurs, l'idée d'une création pour l'Homme est bien solidement enracinée, dans la tête des hommes ; elle date de tous les temps, elle est de tous les pays, et vous aurez bien de la peine à la bannir des cerveaux humains.

Voilà ce que je tenais à dire en finissant.

Maintenant, bien qu'éloigné de vous, je me tiens à votre disposition, pour tout ce que vous voudrez obtenir de moi, dans cette grosse étude, si vous nommez une commission pour l'examiner ou, si vous choisissez un rapporteur, qu'il me dise sa pensée et je lui répondrai.

Une question toute personnelle (*annexée à cette communication*). — Ainsi que je l'ai dit en commençant, j'avais un autre motif pour vous communiquer mes travaux d'Anthropologie des Beaux-Arts ; celui de m'aider à défendre les droits de propriété de mes œuvres. On me pille, on me vole, on me dérobe le fruit de mon travail et de mes veilles ; les produits de mes recherches et de mes découvertes. Des pirates d'un nouveau genre, des écrivains sans valeur, des professeurs sans talent, pour se donner quelque relief, me prennent une à une, les lois de proportions du Prototype, ou canon nouveau des Beaux-Arts.

C'est surtout à l'étranger que ce vol a lieu, malgré des publications et traductions faites dans les conditions de la plus parfaite légalité. Et comme je crains le même sort pour ma *Figure Humaine*, qui est une publication de date récente, je tiens, cette fois, à prendre rang et date partout où je peux, pour le cas où j'aurais à poursuivre. C'est pourquoi je viens m'adresser à vous, mes chers et anciens collègues, pour obtenir, s'il se peut, aide et protection. A qui m'adresser autre part? A l'Académie des Beaux-Arts de l'Institut? — Peut-être le ferai-je également.

C'est pourquoi, une discussion sérieuse au sein de votre Société, si généralement appréciée, et le retentissement qui pourrait en sortir dans le monde de la science et des arts, servirait peut-être à retenir dans leur conduite, ces indignes pillards, et m'aiderait à sauvegarder, et l'honneur de mon nom, et les droits de mes héritiers.

Voilà ce que j'avais aussi à cœur de vous dire, il en sortira, ce qu'il en sortira.

Daignez agréer, Monsieur le Président, et mes chers collègues, l'expression de mon sincère attachement et la certitude de toute ma reconnaissance pour tout ce que j'ai appris dans les vingt années que j'ai passées au milieu de vous.

Fait à Athis-Mons (Seine-et-Oise), dans sa quatre vingtième année. — 17 décembre 1894.

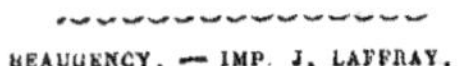

www.ingramcontent.com/pod-product-compliance
Lightning Source LLC
LaVergne TN
LVHW010808180726
843502LV00011B/4412